tredition®

www.tredition.de

AF184994

Marlene Feine

Feines
Kleines
Gemeines

Ansichten einer Gestrandeten

www.tredition.de

© 2019 Marlene Feine

Verlag und Druck: tredition GmbH, Halenreie 40-44, 22359 Hamburg

ISBN

Paperback:	978-3-7482-5485-0
Hardcover:	978-3-7482-5486-7
e-Book:	978-3-7482-5487-4

Das Werk, einschließlich seiner Teile, ist urheberrechtlich geschützt. Jede Verwertung ist ohne Zustimmung des Verlages und des Autors unzulässig. Dies gilt insbesondere für die elektronische oder sonstige Vervielfältigung, Übersetzung, Verbreitung und öffentliche Zugänglichmachung.

Marlene Feine, am 22.Mai 1934 in Berlin geboren. Sie ist verwitwet und
hat 3 Kinder großgezogen. Seit 2010 lebt sie alleine dauerhaft auf Sylt.
Bei einsamen Spaziergängen in der ungebremsten Sylter Natur werden
ihre Lebensansichten und -erfahrungen zu unterhaltsamen und gehaltvol-
len Lyrik.

Dies ist ihr erster Band.

Inhaltsverzeichnis

Feines

Wind

Abstrakte Wolkengebilde den Himmel zieren,

zerfließende Gesichter und Gestalten,

die Fantasie beflügeln die erwacht.

Aus Schäfchen, Wölfe, Monster werden

Vom Wind aus dem Takt gebracht.

Wohin er sie auch treibt von Ost bis Nord

er hat die Macht, nichts ihn aufzuhalten ver-
mag.

Er dirigiert, komponiert, mal stürmisch laut

leise und sanft, erinnert uns ständig daran,

was er alles kann.

Er kühlt unseren Mut, bringt uns in Wut

ist unser Freund, unser Feind

eilt um die Erde,

säuselt und heult,

erzählt uns Geschichten von gestern, morgen
und übermorgen,

und der,

der macht uns Sorgen

Der Arme

Ich ging am Strand allein und frei

nur meine Gedanken waren dabei, und als ich
so geh und steh,

am Flutsaum einen Krebs ich seh.

Der Arme, er war schon ganz matt,

als Möwenfutter war er gedacht,

sie setzten schon zum Sturzflug an,

da stürmte eine Welle heran,

Und groß und mächtig wie sie war,

sie ihn in ihre nassen Arme nahm.

Der Krebs, der Arme, er sich wiederfand,

im Strom der Gezeiten,

der ihn spülte an einen anderen Strand,

und der Kreislauf von vorne begann.

Die Möwe lacht

Im warmen Dünensand zu liegen

macht Spaß,

und die Gedanken sprießen

zu lassen wie Gras,

ich seh in den Himmel,

setze Figuren aus Wolken zusammen,

überleg,

woher sie wohl kamen.

Ein säuselnder Wind dazu mich umsingt,

und ich fühl mich

mehr als beschwingt.

Es rauscht im Kopf,

ich hebt fast ab,

und über mir die Möwe lacht.

Vollmond

Die Schritte finden hin zum Meer
mitten in der Nacht,
in den Dünen erwarte ich den Mond
um mich in seinem Anblick zu verlieren
in seiner Macht.
Er lenkt der Gezeiten Ströme
man hört es im Watt,
es rieselt und knistert
was sich beruhigt hat.
Verlorene Seelen
in Schleier gehüllt,
tanzen, dem Nassen entronnen
sich austobend, beendend
was sie begonnen.

Ein Wunder der Natur das mich anspricht und
in seinem vollen Schein

verfolg ich träumend seine Bahn,

ertrink in seinem Licht

bis das der Tag anbricht,

blinzelnd mir die Venus winkt,

und Luna mir verheißungsvoll

und strahlend

eine neue Nacht verspricht.

Wellenschlag

Des Meeres Wellenschlag
kam ich entgegen,
die Melodie, das Drama der Ewigkeit
von ihm zu hören.
Es rauscht mir in's Ohr
so manches Geheimnis,
von verborgenen Tiefen
verlorene Seelen, Schätzen
und wo es kam her.
Tauche ein mit ihm in die Vergangenheit
und seine Wellen,
seinem Rhythmus folgend,
seinem Sog erliegend
mein Wiegenlied hörend.
kämpfe mit ihm um mein Leben,

erkenne, bekenne, verspreche, hoffe,

nicht vergebens.

Das Meer, es genug Opfer hat,

mir glaubt, dass ich nicht zum Rauben kam

mich nur wiegen wollt in seinen Wellen

und zum Zuhören kam.

Lockrufe

Spröde Idylle,

vom Wind zerzauste Bäume,

laufen durch die Polder

mit ihren ausgefransten Ufersäumen,

jetzt das Meer berühren,

sich in den Wellen wiegen

aber die Lockrufe aus der Tiefe

überhören, die raunen dir zu,

komm herunter zu mir,

dann hast du deine Ruh.

Doch lass die Stimmen in dir

überwiegen, die mahnen,

sei Realist

sonst verloren du bist.

Magie der Nacht

Der junge Abend,

er hat auch mich erreicht,

die Schatten,

reglos mich erdrückend.

Es ist so still,

dass das Zimmer meine

Anwesenheit nicht spürt.

Sehe aus dem Fenster einer

verspäteten Hummel in

einer Rose zu,

die über dem Eindringling

sanft ihre Blüte schließt,

in der sie sich willig ergibt.

Sie hat ihr Bett gefunden diese Nacht,

die uns beide in ihre

geheimnisvollen Arme nimmt.

Sitze verwachsen mit der Dunkelheit,

die Seele so weit wie der Horizont

und warte,

dass der Himmel auf die Erde kommt.

Allein

Sonnenstrahlen über taunassem Gras hüpfen,

ziehende Wolken sich spiegeln in Pfützen,

von Einsamkeit umhüllt steh ich allein

auf weiter Flur.

Zähle die Schafe auf der Weide,

sammle die Eindrücke der Natur,

die mich verwöhnt mir ihrer Kraft,

die alle Sinne öffnet und den

Menschen verwandelt.

Es ist ein Augenblick, der die Seele

befreit von Zwängen,

vergeblichem Hoffen.

Du spürst die Unendlichkeit,

fängst wieder an zu glauben

die Erinnerung zu vergessen

träumst von guten Zeiten,

Menschen, die dich begleiten,

gliederst dich gestärkt wieder ins

Leben ein, das dich umgibt.

Weißt was du willst und
deine Sehnsucht stillt.
Die Natur in ihrer Kraft
hat wieder ein Wunder vollbracht.

Nebel

Du liebst das Laufen durch
Schlick, Sand und Priel,
es ist Befreiung für Dich,
und bedeutet dir viel.
Der Nebel kommt,
hüllt wie einen Mantel dich ein und
du fühlst dich auf einmal
sehr allein.
Doch genießt du die
Sanftheit der Natur
und denkst dir nur,
ach, wenn es doch ewig so bliebe
eine Umarmung wie diese.

Einflüsterungen

Der Wind heute wie Samt und Seide ist,

du süchtig danach bist,

er wickelt dich ein wie

ein Kokon,

du möchtest dich auflösen und

träumst davon

mit ihm in die Weite zu fliegen

und seinen Einflüsterungen

zu erliegen.

Treue

Geheimnisvolles Seufzen
meines Baumes,
der sich leise vor meinem Fenster
und dem grauen Himmel wiegt.
Er weiß,
er muss sich trennen
von des Sommers Last,
seinem stolzen Blätterdach.
Er kämpft um jedes seiner
Blatteskinder,
und weiß doch,
dass er sie verloren hat.
Nur eines ihm die Treue hält.
Jedes Jahresfarbspiel,
ich beobachte es genau,
an ihm vorbeigeht,
es bleibt golden –
rostig am Baum.

Es will nicht fallen

und sich verändern

ich weiß nicht warum,

was will es beweisen

mit seinem leuchtenden Braun,

soll ich nur nachdenken

und es bestaun'n?

Das Kleid

Du zitterst unter dem Baume da,
du arme nackte Kreatur
mit Stacheln nur und ohne Pelz.
Das Kleid, auf das du wartest,
trägt dein Freund der Baum
und seine Zweige stolz und voll
noch bis zum Herbst.
Die Zeit, die es bis dahin braucht
ist nicht mehr weit.
Es fallen seine Blätter dann
lautlos, rotbraun gelb
in einem Strom von Gold herab
und wärmen deinen Leib.

Warten auf den Wind

Herbst, der längst vergessene

kehrt zurück.

In der Kastanie

die Amsel ihr letztes Sommerlied singt.

Zitternde Blätter,

zwischen Himmel und Erde,

warten auf den Wind,

der sie zu ihrer Bestimmung hinbringt.

Eine neue Reise beginnt,

von oben nach unten, wohin.

Sie lassen sich treiben,

ihrem Schicksal ergeben

und wissen genau,

dass es zu kurz ist

endlos zu fliegen

in des Himmels blau.

Ein Ende im Meer, auf der Erde

ins Nirgendwo des Lebenslaufs.

Doch, ein Kind fängt,

sammelt und bindet sie zusammen

zu einem großen bunten

herrlichen Strauß.

Spinnweben

Den Nebelschleier der erste Sonnenstrahl

durchbricht,

Tautropfen, auf Büsche und Gras

blenden die Augen,

ein Traum von Spektralfarben im Licht.

Spinnweben, so fein und zart mich umgarnen,

haben es abgesehen auf mich,

erwehre mich ihrer auf Menschenart,

doch die Meister filigraner Kunst

Wald, Feld und Flur weiter zieren,

und Netze produzieren,

auf der Wiese, der Hase den Menschen

nicht scheut, und nach Hochzeit schreit.

Nichts das Leben aufzuhalten vermag,

Auge und Ohr, sich dem Zauber hingibt

um des Sommers Erlebnis einzufangen,

das neue Hoffnung verspricht.

Ein Sinnenausgleich, für die kommende Zeit,

da die Düsternis ihre Schatten wirft,

die Stille, das Vergehen

die Seele erreicht,

auch ich bin bereit.

Die Gaukler der Nacht

Die Gaukler der Nacht
Mondscheinsonate im Kopf,
Idylle, Romantik pur
am Wildrosendeich.
Gaukler der Nacht umkreisen mich,
geben Alarm ihres gleich.
Als Störenfried sie mich betrachten,
doch ich sehe es anders,
möchte abheben,
dem Mond entgegen,
und engelsgleichen Wesen begegnen,
die mich nehmen an die Hand,
mich führen und leiten
ein Leben lang.
Langsam steigen die Nebel auf,
Stille umgibt mich,
und ich weiß
ein Engel hat mich erreicht
am Wildrosendeich.

Trauerweide

Der Himmel,

ein schiefergraues Dach,

die Luft steht still.

Eine Trauerweide lässt in

tragischer Schönheit

ihre Zweige zum Boden hängen.

Ich warte auf den ersten Regentropfen

der fällt,

der meine Stirn kühlt, mein Herz,

spüre ihn schon auf der Haut,

merke, dass ich lebendig bin

meine Seele auftaut.

Unter der Weide komme ich zur Besinnung,

denke nach über meine Bestimmung,

möchte zum Ergebnis kommen irgendwann,

warte auf den Sturm

der bricht den Bann.

Die Natur hat ihre Schuldigkeit getan,

vorbei des Himmels finsterer Blick

vergessen der Gedanken Last,

die Weide trauert nicht mehr und

richtet sich auf,

wie ist die Erde auf einmal so schön,

ich freu mich auf das

Wiedersehen.

Das Meer

Das rauschende Meer, ich möcht es umarmen,
im Rhythmus mich mit ihm bewegen,
mit seinen Wellen im Einklang leben,
lauschen dem Choral der Zeit
es begleiten in alle Ewigkeit.
Äonen hat es hinter sich gebracht
gebar das Leben mit all seiner Pracht
seine Schätze hütend, die der Mensch
ihm entrissen hat.
Nun bäumt es sich zornig auf,
Erträgt nicht länger seinen Lebenslauf
lässt spüren seine Macht und Gewalt
zeigt nicht mehr sein blaues Gesicht
schwarz, drohend, vernichtend hält es Gericht,
fordert zurück was es gegeben,
wir ihm nehmen,
das Leben.

Herbst da draußen

Die Trauben hängen schwer wie Steine,
fallen herab mit ihrem Gewicht.
Wird Herbst da draußen wie ich meine,
wird da draußen auch in mir.
Die Bänke sitzen leer und sind vergessen,
die Frühjahrsbeete haben nichts zu tun,
ein Sonnenstrahl grüßt
sehr gemessen
den Herbst da draußen und in mir.
Und die Fenster blicken ernst entschlossen,
als sähe keiner rein noch raus,
Ein Hund, der schüttelt sich verdrossen,
ein Unbekannter hat beschlossen:
Wird Herbst da draußen und in mir.

Flüsterndes Gras

Flüsterndes Gras, streichelnder Wind

durch Heide und Dünengras weht,

es wiegt sich, es biegt sich, es wispert,

wer hört, der versteht,

ein Goldfasan den Kopf darüber hebt.

Libellen breiten ihre diamantenen Flügel aus

Der Nachrichtendienst der Insekten tauscht
sich aus.

Flora und Fauna locken und reizen mit Düften,

es flirrt und schwirrt im Sonnenmeer

als gäbe der Sommer seine Seele her.

Es ist soweit, die Sprache des Sommers

hat auch mich erreicht.

Alle Sinne sind auf Empfang gestellt,

um einzufangen, was der Winter mir hat ver-
wehrt.

Die letzte Kühle wird aus dem Herzen ver-
bannt.

Zu lang hatte sie es im Griff, nun spürt es
wieder,

eingehüllt in Luft

so lind und weich ihre Umarmung, die eines
liebenden Menschen gleicht.

Das Meer rauscht mir seine Melodie ins Ohr,

Füße im heißen Sand laufen den Takt dazu,

und eingesponnen in einem aus

Sonne, Sand und Meer, ist vergessen was
war,

es zählt das Jetzt, und sonst nicht mehr.

Stürmische Zeiten

Von Wellen schaumgekrönter Strand,

kleine Wolkenberge von Gischt

weht der Wind mir um die Beine,

in's Gesicht

Rücksichtnahme kennt er nicht.

Ein Spiel von jagen und fangen

Jäger und Gejagten,

ein Wettlauf zwischen Mensch und Natur

und die Möwen im Aufwind lachen dazu.

Auch in stürmischen Zeiten

zeigt der Mensch was er kann

und nimmt sich mit Vergnügen

dieser Herausforderung an.

Schäfchen und Wölfe

Abstrakte Wolkengebilde den Himmel zieren

zerfließende Gesichter und Gestalten

die Fantasie beflügeln die erwacht.

Aus Schäfchen Wölfe, Monster werden

vom Wind aus dem Takt gebracht.

Wohin er sie auch treibt

von Ost bis Nord,

er hat die Macht, nichts ihn aufzuhalten ver-
mag,

er dirigiert, komponiert, mal stürmisch

laut und sanft, erinnert ständig uns daran

was er alles kann.

Er kühlt unseren Mut, bringt uns in Wut,

ist unser Freund, unser Feind,

eilt um die Erde, säuselt und heult,

erzählt uns Geschichten von Gestern, Morgen
und

Übermorgen, und der,

der macht uns Sorgen.

Dornen

Rosenduft die Luft erfüllt,

Erinnerungen von Jugend, Glücklichsein

mir vor Augen steht. Erste Küsse zwischen
Rosen und Flieder,

Schwüre wie Liebeslieder.

Die Dornen der Rosen, es waren zu viele

verletzten zu tief, immer wieder,

der Nebel des Vergessens nun darüber liegt.

Das Sinnbild der Liebe, die Gedanken nicht
verlässt,

dass das Glück sich nicht für immer vor mir
versteckt.

Die Welt ist inzwischen fast untergegangen,

und ich warte noch immer auf die Erfüllung

meines Verlangens.

Doch es vergeht die Zeit,

und nur der Rosenduft mir in der Nase bleibt.

Frühlingsgefühle

Aus dem Schosse der Erde über Nacht,

der Frühling wurde geboren.

Lautlos ist es geschehen,

nichts war zu hören,

kein sprengen der Winterfesseln,

kein platzen der prallen Knospen,

kein bersten der Erde als die Krokusse

sie durchbrachen,

kein wispern des Grases über die Freude

seines ersten Grün's

Kein klingen vom Widerhall der schneeweißen
Glöckchen

des Menschen Ohr erreichte.

Still und leise mit seinem Duft und seinem
Sein, brach er über uns,

in unsere Herzen herein,

hat dabei so manches aus dem Takt

und wieder in's Gleichgewicht gebracht,

versprach, dass es in Ewigkeit so bliebe

mit der Liebe, Lust und den Gefühlen.

War es eine Lüge?

Doch wie die Jahreszeiten kommen und ge-
hen,

die Hoffnung bleibt wie immer bestehen.

Höhenflüge

Das Universum erleben,

dem Adler gleich sich in die Lüfte erheben,

von den Winden tragen lassen

immer höher schrauben

dem Himmel anvertrauen,

sieht die Erde in anderer Perspektive,

berauscht sich an Höhen und Tiefen,

versinkt in der Sonne Glanz,

und die Sterne leuchten um die Wette,

ziehen mich magisch an.

Auf den Flügeln meiner Fantasie flieg ich dahin
durch das Blau des Himmels

mit seinem Gestirn,

ziehe meine Bahnen,

Unendlichkeit erahnend

auf der Suche nach einem neuen lebenswer-
ten Stern

und sei er noch so fern.

Sommertag

Der erste Sommertag verblasst,

schüchtern, als fiele er zur Last,

und der Abend hüllt mich ein

mit einem letzten Sonnenstrahl.

Vergessener Sommertag im Gras,

ein Strohhalm im halbvollen Glas,

ein Blatt das leise knistert,

ein Vogel der Verschlafenes flüstert,

die Mücke, die verbissen summt

das letzte Geräusch,

das langsam verstummt.

Der erste Schmetterling

Nordwinde pfeifen Gassenhauer

die Welt ist winterkalt,

Feuerzungen schlecken gierig,

im Ofen stirbt der Winterwald.

Ein Schmetterling, zu früh erwacht,

rührt mich mit seinem

zarten Charme.

Ich schnuppere plötzlich Blütenpracht

Und mir wird sommerwarm.

Fuß gefasst

Gedanken fassen Fuß
fallen auf fruchtbaren Boden,
überrennen, erpressen mich,
Geist, Seele trotz allem wehren sich,
wenn es nichts mehr zum Wehren gibt,
haben sie es geschafft,
sich mir in Erinnerung gebracht.
In's Unterbewusstsein
Wurden sie lange verbannt
im Dickicht des Abstrakten gingen
sie verloren
im Verständlichen werden sie
neu geboren,
suchen die Wahrheit,
drängen ans Licht
wollen die Freiheit
weiter nichts.

Verewigt

Es seufzt,
stöhnt und schreit
lautlos,
das Papier,
das Bedruckte, Beschriebene,
Mord, Totschlag,
Schreckliches und Schönes
lastet auf ihm,
alles muss es ertragen
für ewige Zeiten,
es wird nichts begraben.
Aus Natur ist es erstanden und
erhält alles jung,
Gott, Liebe, Tod und Teufel
der ganzen Welt Unvernunft,
verewigt in Dramen,
denn die Botschaften auf ihm
bleiben lebendig
und werden immer verstanden.

Vogel flieg

Verkleidet als Vogel

sitzt die Seele da

verletzt,

nicht auf dem Baum

mit struppigem Gefieder,

niemand soll sie finden

auch durch ihr Daunenkleid nicht,

verraten tun sie nur ihre Lieder

doch kein Bedauern nützt,

zu früh wurden ihre Flügel gestutzt

und hat sie gehindert zu fliegen.

Glaubst du es jetzt!

Kein Herz

Hast kein Herz

Sagte er,

und sah sie steinern an,

traf sie aber mitten hinein

in dieses,

da brach es entzwei,

war es der Stein

den er geworfen,

war es der Schmerz,

oder das Herz

dass nicht mehr wollte.

Kein Mensch wird es je erfahren,

denn draußen

wartete schon die Freiheit

auf sie.

Zwielicht

Das Zwielicht des Morgens,

es ist die Zeit,

da die Stille in meine Seele

eindringt,

die Natur erwacht,

die mir den Tag zugedacht,

die mir Klarheit bringt,

ich mich ein's fühle mit ihr,

und zu verstehen beginne

wie ich mit ihr gewinne.

Erkenne eine Läuterung die nicht bleibt

Sobald die Zivilisation mein Ohr erreicht.

Danke

Manchmal möchtest due die Welt umarmen

einfach danke sagen

für einen einzig glücklichen Moment,

doch im Gefühl des Überschwangs

zu spät erkannt,

verweht es wie ein Blatt im Wind

und die Zeit verrinnt.

Doch auch das Glück hat seine Grenzen,

es fordert Zoll und Zins,

geht sonst das nächste mal an dir vorbei

und lacht dich höhnisch an.

Eine Sekunde aus vollem Herzen

Danke gesagt,

das Glück dir vielleicht

seine Gunst bewahrt.

Ein Tropfen

Ein Tropfen ist noch kein Ozean,

doch einer zu viel,

und ich seh auch in ihm das Abbild

des Himmels mit seinem Gestirn.

Viele Tropfen sich zum Meer gebildet,

sie können auch dein Wegweiser sein

der dir zeigt,

dass alles aufgefangen wird mit Bedacht

und seine Bestimmung im Geschehen

des Lebens hat.

Flucht

vor der Welt zu fliehen

an einen einsamen Ort,

und sich zu fühlen

wie in einem sicheren Hort,

Wünsche und Träume haben ihr

Ziel erreicht,

aber, war's das?

für kurze Zeit vielleicht,

denn des Menschen Wille,

braucht mehr

als nur Stille.

Insel im Meer

Salz in der Luft, auf der Haut,

gischtschäumend, stahlgrau das Meer,

Insel mit nördlichem Flair.

Der raue Wind weht durch Körper und Geist,

befreit von Schlacken und Gedanken dreist,

die streifen durch Heide, Dünen, Watt und
Sand,

der Wind, er bläst die Melodie dazu

mit Stärke Zehn, dich in die Kniee zwingt,

bis du dich selber um dich drehst,

und du atmest des Meeres Lebensatem ein,

neu geboren scheinst du zu sein,

mit der Natur auf du und du,

und die Möwen im Aufwind schreien wie im-
mer dazu,

du nimmst sie an, die Läuterung und mehr,

versenkst die Schatten der Vergangenheit,

lässt dich fallen in der Wellen Flut.

Stürmisch und sanft sie dich umarmen.

Genießt das Jetzt und das Hier

bewusst und leis,

bevor du gehst auf die letzte Reis.

Ratlos

Gräbst du zu tief im Uferlosen

dem Geheimnisvollen nach

stichst du ins Bodenlose,

stehst ratlos vor den Schranken

eines fremden Ichs,

denn Verstehen ist verboten

Dies und Jenes auszuloten

bringt dich nur um den Verstand,

das Unfassbare du nie erfahren kannst,

deshalb grabe lieber du

im eigenen Sand.

Unerreichbar

Ich streck die Hand nach oben,
will fassen
was nicht zu erfassen ist,
will wissen,
nicht missen,
doch wie viel Leben braucht es
um zu erfahren.
Langsam ziehe ich den Schleier
Von meinen Augen,
sehe, höre, spüre
ich jetzt mehr,
renne weiter im Labyrinth
meiner Gedanken herum,
nur um zu erkennen,
dass Unerreichbares
mir den Weg versperrt,
den ich sonst
gegangen wär.

Die schönsten Augenblicke

Die schönsten Augenblicke,
kostbaren Schmuckstücken gleich,
sind Diamanten, du bist reich,
sie strahlen, verlieren nie ihren Glanz,
sie erfreuen dein Leben in trüben Stunden,
lindern deine Wunden.
Tief in deinem Herzen erinnern sie dich daran,
und du weißt, es hat sich gelohnt zu leben,
es ist nicht glanzlos gewesen,
die Perlen deines Lebens,
Lichtblicke deiner Seele,
dich lebenslang begleiten,
werden wieder geboren,
haben noch immer Gewicht,
zaubern wieder ein Lächeln in dein Gesicht.
Nur ein Augenblick des Glücklichseins,
bringt dich wieder in's Gleichgewicht.

Wiederbelebung

Du träumst von Sonne, Sand und Meer
hast keine andern Gedanken mehr,
willst sprengen des Alltags Fesseln,
Sorgen und Stress vergessen,
hast keine Lust mehr auf dieses Leben,
meinst, du seiest ein armes Wesen,
willst aussteigen, und die Flucht ergreifen,
hoffst auf Wiederbelebung,
nur durch Genießen,
nichts soll dein Leben verdrießen ,
hast Angst, das Leben zu versäumen,
Die Zeit, sie läuft,
das Ziel, es lockt,
doch ein bisschen mehr verlangt das Leben
von dir, umsonst ist nichts,
nicht das Dann, und nicht das Hier.

Suchen

Sonne, Regen, Wind und Meer,

wirken wie eine Droge auf Dich

du willst immer mehr,

versuchst die Natur um dich her

zu verstehen

suchst nach Ursprung

Werden und Vergehen,

suchst am Horizont nach Zeichen,

doch dein Geist ist zu begrenzt,

du musst es begreifen,

und wer weiß,

zu deinem Glück,

weist ein Etwas Dich in die

Schranken zurück.

Nacht

Wenn die Dunkelheit um die Häuser schleicht

Der Mond die Erde bewacht,

die Sterne wie Edelsteine leuchten

die zum Träumen verleiten,

schläft selbst der Moloch Unzufriedenheit,

Friede umgibt Wolf und Schaf,

Waffenstillstand auf allen Gebieten

nur der Geist findet keine Ruh,

denkt nach, immerzu

fordert heraus zum Kampf

will nichts wissen von Ruhe sanft,

ertrinkt in der Sintflut seiner Gedanken

bis zur Bewusstlosigkeit, reißt sie mit

in die nachtschwarze Tiefe in der er weilt

doch der Dämon der ihn verfolgt

in einer Albtraumnacht

hat ausgelöscht

der erwachende Tag

Regen

Im stillen, ertränkendem Strom
des Lebens steh ich da,
Kindheit und Jugend sind wieder erwacht,
lachen mich an.
Genieße die erfrischenden Güsse,
barfuß laufen durch Pfützen,
schmecke den Regen
zwischen den Küssen,
bin wieder jung und hab Spaß,
spüre die Faszination des Augenblicks
bete, ach Zeit, komm zurück.
Vergesse das Jetzt und die Jahre,
fühle mich dynamisch und motiviert,
bis der Regen aufhört der
die Illusion und den Zauber zerstört.

Faszination

Stärker als des Menschen Macht
ist die Natur in ihrer Kraft.
Harmonie und Chaos ist sie in einem,
zum Ergreifen schön,
nicht nur von oben gesehen,
sie macht uns Angst und Freude zugleich,
zieht uns in ihren Bann,
fasziniert Arm und Reich
ist das Elixier auf Erden hier,
unterschätzen wir ihre Macht,
rächt sie sich mit all ihrer Kraft,
sie hat es schon immer getan
wenn der Mensch ihr zu nahe kam.
Ein Kreislaufgeschehen, naturgegeben,
so denkt er dann voll Übermut und Zuversicht
vertraut auf Mond und Sonnenlicht,

denn solange sie noch scheinen,

muss er um sie nicht weinen.

Ein Irrtum den er büßen muss

Wenn die Natur ihm nimmt was sie gegeben

Und ihm gibt den Abschiedskuss.

Melancholie

Melancholie streift meine Seele wie ein Hauch,

du ahnst das Unglück, siehst es auch.

Ein künstliches Szenario sich bis zu Horizont

erstreckt, die Menschen erschreckt.

Trauer ist es um eine einstmals schöne Welt

die nun zerfällt.

Ade, ihr blauen Seen, ihr grünen Wälder,

Antennen, Bohrtürme, Windkrafträder

unser neuer Anblick sind.

Tote Meere, Chemiefelder, Essen und Trank

machen uns krank, das ist die Quintessenz

und niemand bremst.

Macht euch die Erde untertan, wir haben es

gründlich getan.

Wo ist sie hin die Schönheit der Natur,

so liebenswert sie ist, so schön sie war

nichts auf Erden die Menschen noch reizen
kann.

Hoch und weit will er hinaus in's All

bis er eine neue Welt besiedeln kann,

und dann,

fängt alles wieder von vorne an?

Angst

Die Angst, sie ist ein wildes Tier,

sie kommt durch jede

geschlossene Tür,

schlägt dich in ihren Bann,

lähmt dich von Kopf bis Fuß,

macht dir das Leben schwer,

ist ein Gespenst,

das dir die Treue hält,

doch ist sie, wie jeder weiß,

meist ein leerer Wahn,

biete ihr Paroli an.

Sonst bleibst du ihr

Untertan.

Ja

Ein kleines Wort

mit Durchschlagkraft und Gewicht,

zu schwer um zu halten

was es verspricht.

Umschmeichelt, drohend und maskiert

hat es auch Chancen bei dir.

Sagst ja zu dem was nicht verstanden wird

sagst ja zu Recht oder Unrecht,

es wird erwartet von dir,

kannst nicht sprengen deine Fesseln,

bis ein Gefangener deiner selbst,

sagst nein zu dir im Geheimen,

weißt, dass du nicht vergisst

und hältst allein für dich Gericht.

Der Tor

Erkenntnisdrang hebt ihn hervor

Doch lebt er nicht danach der Tor,

sucht immer wieder nach dem Wahren

um Sinn und Zwecke zu erfahren,

verliert viel Zeit mit Denken

statt sein Lebensschiff zu lenken

ach, versuchte er doch einfach glücklich

nur zu leben, damit es wert,

und nicht umsonst gewesen.

Fremdes

Schwüle, tausend Gesichter
um mich herum,
ein Meer brütender Gedanken
suchen Ziele zum Zielen.
Die Luft ist schwer von der
Gedanken Blässe,
muss langsam das Atmen einstellen,
fremdes Eigentum sonst
den Weg findet
in's Innere,
in meines,
belastet, vernichtet
was schon im Keimen ist.
Es wird kühler,
verschwommene wilde Gedankengänge
ziehen sich in ihre Gehäuse zurück,
kann wieder lachen,
Lungenzüge machen
und Fremdes gelten lassen.

Glücksklee

Mit leeren Händen,

wunden Herzen stehst du da,

nur ein Strauß Erinnerungen

von Dornenrosen, Disteln,

tränenden Herzen

bleiben dir.

Nach neuen Wurzeln

du jetzt suchst,

neu wachsen, gedeihen lassen

willst du,

fängst an zu graben und

säest ein,

Liebstöckl, Sonnentau, Glücksklee,

auch der Goldregen darf nicht fehlen,

hast nun Spuren als Saat

hinterlassen,

die jeden Sturm überstehen

und Generationen wachsen

lassen.

Der stille Freund

Nur einmal noch, mein stiller Freund

Geh an mir vorüber, geh vorbei,

auch wenn du längst schon bist erwartet

im Augenblick der Schwäche einst herbeige-
sehnt,

zieht mich das Leben immer noch in seinen
Bann,

weiß nicht, wie lang ich widerstehen kann,

lass mich noch einmal gehen an meinen
Strand,

durch Heide, Dünen, Sand,

das Meeresrauschen hören, der Möwen Schrei.

Geh vorüber, geh vorbei, aber nicht so nah.

Auch wenn du dich als meinen Freund be-
trachtest,

mir versprichst, mich in deinen Armen

sanft lässt zu entschlafen,

ich trau dir nicht,

zu viel Geheimnisvolles dich umgibt.

Kann dir noch nicht folgen in die Dunkelheit

Wo die Sonne wird nicht scheinen und mich
wärmen,

der Puls des Lebens mir verloren geht.

Der Augenblick, er soll für dich und mich

vorübergehen, will dem Leben einmal noch

in's Auge sehen, Menschlichkeit, und Her-
zenswärme

spüren.

Herzflattern

Der Blitz, er traf gezielt das arme Herz,

und taute es auf,

es war fast erfroren in seinem Lebenslauf,

lag schon zu lange auf Eis,

nun schlug es wieder

man hört es ganz leis,

fing sogar an zu flattern wie im Wahn,

steckte mit seiner Hektik

auch die Schmetterlinge an,

pulsieren in jeder Ader,

jeder Schlag ein Akkord in Dur und in Moll,

er erfüllte sein Soll.

Das Gestern ein Leerlauf,

das Heute eine Vision,

was wusste es schon,

denn bevor es im siebenten Himmel versank,

ich weiß nicht warum,

da wurde es wieder stumm.

Flattern und Schmetterlinge auch diesmal

umsonst gewesen war.

Eine Laus

Eine Laus sitzt mir im Pelz

gibt keine Ruh,

ist nicht zu vertreiben

ich weiß schon warum,

ohne ständiges zwicken, mahnen,

würde ich nichts bewegen, lahmen,

die Welt um mich her vergessen,

träumend ins Leere starren,

große Heldentaten im Geiste vollbringen,

statt kleine selber zu

erringen.

Der Schein des Seins

Das Einst nicht mehr vorhanden ist

das Jetzt im Spiegel

fremd ist es geworden,

fremder geht es nicht,

zu viele Spuren hat das Leben darin hinterlas-
sen

die in die heutige Zeit nicht mehr passen.

Dynamisch soll das Alter heute sein,

voll Elan und faltenfrei.

Der Schein des Seins, die Jugend

ist die Macht die Eindruck macht

doch ist sie nicht vorgesehen in des

Menschen Lebensspann.

Ein Lächeln nur das Alter überlisten kann,

es spricht für sich,

belebt, verjüngt das Angesicht.

Die Umwelt wieder Augen hat,

es registriert.

Fremd bist nur du selber dir geblieben.

Schwarze Gedanken

Schwarze Gedanken hinter einer

weißen Stirn,

sie lodern gewaltig,

strapazieren das Gehirn,

sie wollen hinaus, kämpfen mit dir

gegen Unrecht, Menschenverachtung

und Willkür.

Sie sind nicht umsonst geboren,

haben sich nun mit dir verschworen.

sie rebellieren,

geben dir Kraft,

die Aufgaben zu meistern

die du dir gedacht.

Den Frieden findest erst nach

vollbrachter Tat,

und dann?

Ist die Vision der Hoffnung erfüllt,

der Hunger nach Erfüllung ist niemals

gestillt.

Warum

Der Mensch versteht die Welt nicht mehr
fragt ständig sich warum,
der Mensch nicht leben kann in Frieden,
Neid, Missgunst, Macht die Welt regieren,
er nichts lernt aus der Vergangenheit
die immer noch nach Sühne schreit.
Warum ist der Mensch auf dieser Welt,
wenn er sich und andere quält.
Wie lange muss der Mensch den Menschen
noch ertragen
auch wenn die Welt in Trümmer fällt
er keine Antwort erhält.
Warum zerstört er seinen Lebensraum
vernichtet Fauna, Flora bis zum letzten Baum,
vertreibt sich selber aus dem Paradies
auf Erden hier, die doch sein Lebenselixier.
Warum, Warum.
Verzweifelt runzelt er die Stirn und denkt,
ach hätt ich doch ein größeres Gehirn.

Vorbei

Sie prahlten mit ihrem Glück

zeigten Überzeugung, Harmonie

für immer,

waren untrennbar,

gingen stets gemeinsam Hand in Hand

in und aus dem Haus,

zu viel Glück,

sie hielten es auf Dauer nicht aus.

Überdruss, Erdrückung, Verzweiflung

Wuchs ihnen über den Kopf dabei.

Das Unglück nahm seinen Lauf,

das Glück, sie sahen es ein,

das, es war vorbei.

Vogel Strauß

Vogel Strauß zu spielen das ist bekannt,

bei Gefahr läuft er davon,

steckt den Kopf in den Sand

macht die Augen zu,

will sie nicht sehen

genau wie ich und du.

Was sich auflöst nicht in Rauch und Luft

läuft stets dir hinterher

bringt dich um deinen Mut und den Verstand,

den du doch gebrauchen kannst

doch nicht mit dem Kopf Sand.

Zweischneidiges

Sie sind wie immer vereint,

Wahrheit und Lüge,

eine Hassliebe sie verband,

seit Adam und Eva, das ist bekannt,

keine sich von der anderen trennen kann,

Wahrheit, nur die ihre kennt als Ziel,

der Mensch sie jedoch

nicht ertragen,

vertragen,

kann und will.

Jeder soll sie sagen,

keiner die eigene hören,

und falsch schwören.

Eine bittere Medizin, ein scharfes Schwert,

das zuschlägt ohne Erbarmen,

auch verkehrt.

Es trifft die Unschuld, die Gerechten,

die „blinden und die tauben" ,

die nichts sehen wollen, nichts glauben,

die Klugen, die Gewitzten,

die sie wollen überlisten.

Die Kunst der Lüge stets bereit,

sich zu opfern für die Menschlichkeit,

zu mildern, zu beschönigen,

zu verstehen, zu verdrehen,

mit all ihren Waffen

die ihr zu Verfügung stehen.

Wie viel Lügen werden ausgesprochen,

und als Wahrheit hingenommen.

Was ist die Wahrheit wert,

um die sich keiner schert.

Sie zu verleugnen, der Mensch sie schon

als Sport ansieht,

mit Charme und Witz,

Geist und Hochmut,

er sich ihr überlegen,

und als Sieger fühlt.

Zukunftsvision

Eine bessere Zukunft voraussagt man dir
sie steht wie immer schon vor der Tür
Und diese Illusion die lässt man dir
vertraust darauf dass alles besser wird,
doch Wahn und Wertvorstellungen allgemein
können unterschiedlicher nicht sein,
nebulös denkst du dann für dich allein
was könnte, sollte, müsste für mich
für alle Welt das Beste sein.
So bleibt die Zukunft eine Vision,
und jeder glaubt und denkt daran,
dass er allein befugt mit Macht,
die Welt in eine heile Welt verwandelt
kann.

Die zwei Gesichter

Die zwei Gesichter eines Jeden,

werden selten erkannt im Leben,

bekannt ist nur eines von beiden,

das andere sollte das Tageslicht meiden,

sich nur selten zeigen,

sein Geheimnis, und im Dunklen bleiben.

Es kann ein wildes Tier sein,

oder ein Schaf,

darum sollte es bleiben wo es ist,

damit niemand erkennt,

was er wirklich ist.

Amen

Einmal wieder richtig kindlich glücklich sein

Mit sich und der Welt einig sein.

Spielend durch das Leben gehen,

die Gefahren nicht sehen.

Alles glauben was die Erwachsenen sagen,

die dich in den Armen getragen.

Mit Augen groß und rund,

fürchten und lieben einen großen Hund.

An Märchen und Wunder glauben

sich dem Himmel anvertrauen.

Eine Prinzessin sein.

Den Prinzen freien.

Glücklich sein an allen Tagen.

Amen

Willenlos

Die Gedanken wandern immer mehr,

wo wollen sie hin,

wo kommen sie her,

hab sie nicht mehr unter Kontrolle,

wuchern, treiben Blüten ohne Unterlass,

nur so zum Spaß,

wollen auch einmal die Freiheit genießen,

das Unmögliche, den Wahnsinn begrüßen,

sprengen des Kopfes Fesseln,

und wagemutig wie sie sind,

es ist ja geheim,

dringen sie dir bis in's Gebein.

Nehmen Besitz von Kopf bis Fuß,

bis du nicht mehr weißt,

was du tust,

willenlos lässt du dich treiben, verführen,

bekommst dein unbekanntes Ich zu spüren.

Chancenlos

Du rennst mit der Zeit um die Wette,
verhältst keinen Augenblick,
doch sie lacht nur über dich
lässt dich hinter sich.
Gaukelt die Ewigkeiten
Des Glückes vor,
und wie immer glaubst du ihr,
verlierst keinen Gedanken daran,
dass die Zeit etwas ändern kann,
verschwenderisch gingst du mit ihr um,
hast sie strapaziert, nie registriert.
Chancenlos klagst du nun an die Zeit
Doch sie ist taub für dein Leid,
und du begreifst,
sie hat dich überholt die Zeit.

Resümee

Abschied des Alters Gedanken sind

schweben schon in höheren Sphären,

ziehen Resümee wie das Leben gewesen

hoffnungsvoll es begann

bis die Seele sich in Träumen hat verrannt.

Das Schicksal, eine Straße im Dunklen,

die Richtung nicht erkannt

gingst die falschen Wege entlang

die nicht hielten was sie versprachen,

und der Hall deiner Schritte sich verlor

in Raum und Zeit keines Menschen Ohr

sie je erreicht.

Auch wenn der Welt du deinen Stempel

Nicht hast aufgedrückt in Wort und Tat,

in Schrift und Bild,

sie selbst nicht alles dir gegeben,

war es das Leben wert, das du gelebt,

und die Welt als Rädchen im Getriebe

hast weiter mit bewegt.

Klein geworden

Klein geworden im Zusammenleben
doch für dich noch immer nicht genug,
du dagegen, hast die Norm durch mich
schon überschritten,
fühltest Dich als Sieger an
der ganzen Front.
Jetzt, denke ich im Nachhinein,
würden wir, nachdem den anderen wir
nach den eignen Wünschen haben umgemo-
delt
noch einmal lachend uns umarmen,
seelig sein,
oder nur mit anderen,
zufriedener, fröhlicher, geistig entwickelter,
dünner, dicker oder toleranter,
glücklicher sein, und wissend,
Nein!

Vergessen

Vergangenheit,
meine Kreise sie stört,
Rache sie schwört,
die Stacheln zeigt sie mir,
durch die ich durchmusste bis hier,
vergessen willst du sie,
denn die Zukunft steht vor der Tür
und du kannst nichts mehr anfangen
mit ihr,
sie hat ihre Schuldigkeit getan,
aber mir Treue geschworen
bis in's letzte Glied,
das Vergessen,
das verzeiht sie mir nie.

Ein fremdes Lächeln

Ein fremdes Lächeln erhellt
wieder meine Welt,
ich vergesse die Leere um mich her,
bemerke das Dunkle nicht mehr,
kann die Konfrontation wieder ertragen,
die Menschen um mich herum
mit ihren Phrasen.
Sehe nicht mehr alles grau in grau,
will der Zukunft mehr vertrauen,
lächle jetzt wieder in's Dasein hinein,
es ist so leicht,
und trägt zur Völkerverständigung bei.
Fühle mich wie ein Sieger,
bemerke die Sonne wieder,
spüre ihre Kraft und Wärme ganz leicht,
und weiß, die Welt hat mich
wieder erreicht.

Das Gesicht

Gnadenlose Zeit,

macht aus dir nicht was du willst,

läufst ihr davon,

doch schneller als du denken kannst,

holt dich ein, macht dir klar,

dass sie nicht vergibt,

was du dir angetan.

Zu schnell gelebt, zu viel gelebt,

Genuss und Triebe deine Begleiter waren,

man sieht es dir an,

dass es gelebtes Leben war,

auch wenn es repariert,

die Maske nicht täuscht,

die Hoffnung vergebens war,

sie war ein Wahn.

Ein kleiner Trost dir bleibt,

du bist mit dem Gesicht nicht allein.

Die Welt aus den Angeln heben

Der Berg der zum Propheten kam
niemand hat es je gesehen
nur im Kopf da spielt es sich ab
das Wunder das da geschehen.
Du meinst, du könntest noch mehr bewegen
und die Welt aus den Angeln heben?
Das Zutrauen in deine Kraft die ehrt dich sehr,
aber ein Tag ohne Lügen
ein Tag ohne Terror
ein Tag voll Liebe bewegt mehr.

Das Paradies

Das Paradies auf Erden hier

du suchst es vergebens,

fragst, ist der Mensch geboren dafür,

Kampf und Siege beleben als Individuum sein
Leben,

die Weltherrschaft hat er übernommen

doch Frieden ist noch immer nicht

über ihn gekommen.

Je mehr er versteht, desto weniger

versteht er das Ganze,

fühlt sich betrogen, paralysiert

und rum um den Globus ist Krieg.

Den Himmel will er erstürmen mit Macht,

sucht Frieden auf einer neuen Erde,

dem Himmel, dem Mars

und hat er gefunden was er sucht,

wird er von neuem heimgesucht.

Das Denkmal

Auf den Sockel haben sie dich gestellt,

unfreiwillig,

siehst jetzt steinern herab

auf Mensch und Tier,

fragst dich, was soll ich hier?

Zierst Straßen, Plätze in Stadt und Land,

für Menschen,

die achtlos gehen an dir vorbei,

weinen und lachen, das Leben genießen,

Möchtest noch einmal zum Leben erwachen,

seine heitere Seite erleben,

den Tauben entgehen,

die dich mit ihrem Überflüssigem bekleckern,

und dasselbe wie diese machen.

Tabu

Kalte Augen, ein leeres Gesicht,

signalisieren, ich bin tabu

berühr mich nicht.

Wollen nichts wissen von dir und mir,

von Horror, Terror wilder Gier.

Die verlorene Seele reagiert nicht mehr.

Doch die Vision der Hoffnung

In jedem Albtraum steckt

Und Sehnsucht nach Erlösung weckt.

Es drängt, was sich verborgen hat

an's Licht,

sprengt Kräfte frei.

Wünsche, Träume, Wahrheiten

verwirklichen sich

und beleben wieder das Gesicht.

Kopflos

Mit dem Kopf in den Wolken

dem Übrigen nicht,

das Geschehen auf der Erde

zu viel für ihn ist.

Doch die Illusionen die er verloren

Sucht er vergebens dort oben,

nur Dunkelheit und Leere

um ihn wabern, sonst nichts.

Die Erwartung, die Erfüllung

findet er nicht,

auch die Erleuchtung

ist nicht in Sicht

und die Füße unten,

sie scharren,

sagen ihm irgendwann,

gib uns wieder

was wir verloren haben,

haben keine Richtung,

wissen nicht wohin,

denn ohne Kopf hat das Leben

keinen Sinn.

Verstecktes

Wo sind sie hin, die unbeschwerten Jahr,

als ich noch naiv und glücklich war.

konnt sie nur festhalten in Bildern,

auf kurzen und langen Strecken,

will sie nun wieder entdecken.

Die guten und schlechten Zeiten

hab ich versteckt,

in Schubladen gesteckt,

mach sie auf und wieder zu,

bin der Vergangenheit auf der Spur,

möchte sie noch einmal nacherleben,

mich nach kindlicher Unschuld sehnen,

Kopf, Herz, Sinne

Schwelgen in Erinnerung,

idealisieren wie schön es damals war

auch wenn es nicht so war.

Wolke 7

Auf Wolke sieben,

dahingleitend ganz sacht,

so hat Mensch es sich nach dem

Erdendasein gedacht.

Ein neues Leben mit Höhenrausch,

Lust, Liebe und Entfaltung sollte es sein

ein Hain,

nun ist er oben, und sieht sich um,

doch außer Leere

nimmt er nichts wahr,

und er begriff,

dass das der Himmel nicht ist.

Die Chance im Leben die hat er verpasst

die zehn Gebote einzuhalten Jahr und Tag

nun sucht er vergebens nach dem Paradies,

dem versprochenen,

doch hat er im Leben zu viel

verbrochen.

Fauler Zauber

Der Zauber des Lebens dir erschlossen
wenn du mit offenen Augen durch das Leben
gehst.
Bunt, schillernd, einer Seifenblase gleich,
wenn du dir nicht zu viel von ihr versprichst.
Verlierst in Träumen dich,
bis du festgestellt,
im Hellen, wie im Dunklen,
ist nicht alles Gold was glänzt.
Alles fauler Zauber sagst du.
Versuchst den Durchblick zu erringen,
deinen Frust, dein Weh zu lindern,
die Liebe ist auch nur Poesie,
was sie verspricht, ist zu viel.
Alles fauler Zauber, sagst du,
und machst die Augen zu.
Denkst dir das Leben bunt und schön,
willst erwachen,
den Schleier von den Augen ziehen,
nichts übersehen.

Rosarot die Welt dir nun erscheint,

doch verblasst auch diese Farbe

mit der Zeit,

und von der Seifenblase leicht,

nichts übrig bleibt.

Bis du eine Fata Morgana siehst,

in die du dich verliebst.

Schlechter Tag

Der Wind,

er hatte seinen schlechten Tag,

war zu allen Schandtaten bereit,

suchte Streit, versprach einem Jeden

das er nicht gern an ihn zurückdenken mag.

Noch wähnten die Albträume

sich in Sicherheit,

wärmten sich an der Friedhofsmauer,

lagen auf der Lauer.

Doch der Wind

schickte schon seine Herolde aus

zu sondieren seinen Verlauf,

auch die Sonne verlor ihre Kraft,

und der Mensch im Konsumrausch,

aß sich noch immer an der Tafel

rund und satt, bis sie leergefegt,

und jegliche Materie

und der Mensch sich quergelegt.

Die Übrigen fielen auf die Knie,

bereuten, büßten, versprachen,

und erlebten,

dass die Sonne danach

wieder schien.

Ein Kleinod

Ein Kleinod im Raum der Unendlichkeit

zieht seine Bahnen durch Raum und Zeit

in alle Ewigkeit.

Planet Erde, eine Schöpfung besonderer Art,

die das Leben,

den Menschen hervorgebracht,

doch sie haben nur eines im Sinn

ihn zu verlassen,

es winkt ein anderer Gewinn.

Andere Welten zu erobern

ihr Geist sie zwingt,

weil nichts auf der Erde mehr stimmt.

Die Natur, ihr Partner für die Ewigkeit be-
stimmt und herrlich besungen,

den haben sie in die Knie gezwungen.

Nachdem sie genug Zerstörung betrieben,

wird nun ein neuer Text in's Buch des Lebens
geschrieben.

Die Erde hat ihre Schuldigkeit getan,

wir danken für den kurzen Aufenthalt.

Doch jetzt sind andere Planeten dran.

Böser Geist

Poesie hin, Lyrik her,

es will sie heut kaum einer mehr.

Science Fiktion ist angesagt.

Die Realitäten sind Geschlechterkampf

und Rivalitäten um Mond, Mars und Sirius,

was bedeutet da noch Romantik

und alles was dazu gehören muss.

Ich hol dir die Sterne vom Himmel

hieß es einst,

heut bringen wir die Souvenirs schon von
oben mit herab,

suchen nach einer neuen Erde

das hält uns auf Trab.

Der Himmel wird nicht mehr angehimmelt,

und die „lieblichen Auen" gibt's bald

auch nicht mehr zu schauen.

Der Mensch hat keine Zeit

mehr zu verlieren,

er muss kämpfen um sein Überleben.

Nachdem er genug Zerstörung

über die Erde gebracht,

zeugt bald nur der böse Geist noch von

seiner Macht.

Einsicht

Am Gelde hängt, zum Gelde drängt

der Mensch auf dieser Welt

und zählt sein Geld von früh bis spät.

Das Glück, es fühlte sich verraten

und verkauft, meinte, dass er was

anderes braucht.

Die Einsicht ihn zum Denken zwingt,

ihm neue Werte bringt.

Jetzt hat er mehr vom Weniger,

denkt, und lebt, wie Dieser und Jener,

Gehört jetzt zu der Minderheit der Welt,

für die kein Geld der Welt mehr zählt.

Doch wenn er es zu sehr verachtet,

wird auch er nicht mehr beachtet.

Gut und Geld

Alle Güter dieser Welt,

der Mensch sie für das Glück

des Lebens hält.

Doch was wäre er ohne sie,

muss er sich fragen,

und seine Zweifel

tief vergrabend,

wird er voll Überzeugung

sagen:

dass alles Gut und Geld

die Welt in den Fugen

zusammen hält.

Monolog

Die Augen haben keinen Inhalt mehr,
können nicht das Leben, das Glück erfassen,
das um sie tobt, Blüten treibt,
und nach nimm mich mit, fühle mich an,
liebe mich, schreit.
Einsam und verlassen stehst du als
Monument herum,
für Menschen, die fragen Warum,
die Amsel singt für dich ihr Lied umsonst,
doch du kennst es sowieso,
warst nicht immer an der Front.
Kein Ausdruck überzieht mehr dein Gesicht,
für dich ist alles längst Geschicht.
Jetzt hörst du dir die Monologe an
von Freud und Leid, und besserer Zeit,
brauchst nicht zu widersprechen,
es fordert dich nicht mehr heraus die Welt,
mit leeren Phrasen, Macht und Geld.

Der Weg ist das Ziel

Sich nicht auf vorgegebenen Wegen

zu bewegen ist beschwerlich und verwegen.

Doch der Mensch fühlt sich berufen,

ständig nach Neuem zu suchen,

und glaubt er,

er hat gefunden was er sucht,

seinen Frieden,

wird er von neuem heimgesucht.

Jagt nach weiteren Zielen.

Der Widerstand nicht groß genug,

es fordert ihn heraus die Welt,

und treibt mit ihm ein Spiel

um Sinn und Zeit,

bis er hat sein Ziel erreicht,

oder auf der Strecke bleibt.

Es war mir ein Vergnügen

Die Floskel wird zu oft gebraucht,
doch Höflichkeit ist angesagt.
Lächeln wird sie wie Musik vernommen
Und jeder horcht in sich hinein
wie war das nun gemeint.
Die Wahrheit jedoch meist ist die,
es war nur Diplomatie.

Fantasie

Hätte sie freien Lauf

wir sie nicht am Gängelband,

wir müssten uns fürchten vor ihr

und so manchem Gedankengang.

Sie bringt uns zum Weinen und Lachen,

über die Fähigkeit,

ständig das Falsche zu machen.

Doch brauchen wir sie um jeden Preis?

Die Kultur ist der Beweis.

Monumente haben wir

für die Ewigkeit gebaut,

das Weltall erforscht,

uns auf dem Mond und dem Mars verewigt,

Maßstäbe gesetzt

Berge und Landschaften ließen wir verschwin-
den,

es gibt keine Hindernisse,

die wir nicht überwinden.

Was wäre aus der Welt geworden

ohne Menschen mit Fantasie,

wäre sie besser, schlechter

oder wie?

Der Bernstein

Millionen Jahre trage ich
an Hals und Hand,
in einem Bernstein, den am Strand
ich fand.
Äonen sind drin eingesperrt
mit einer Fliege, die sich nicht mehr wehrt.
Aus des Baumes Lebenssaft und Kraft,
ein leuchtend goldener Stein entstand,
dem Diamanten gleich,
auch ohne Karat,
hat er in seinen Tränen Flora und Fauna
bewahrt.
Spinne und Mücke in ihm verewigt sind,
erstarrt,
das Meer hat sie wieder hervorgebracht.
Nichts auf der Welt geht verloren,
im Kreislauf des Lebens
wird alles wieder geboren.

Träume

Die wilden Tiere des Verstand's
sie bringen uns um diesen
machen uns Angst.
Wir träumen von Tigern und Löwen
die uns um Ecken jagen,
Monstern, die uns die Wahrheit sagen,
tauchen in Abgründe die uns fremd,
sich nicht wieder erkennt.
Auch von den Musen werden wir geküsst, und
es meist vergisst,
doch inspiriert von ihnen,
bauen wir die schönsten Häuser im Schlaf,
kreieren Mode sagenhaft,
malen Bilder in den herrlichsten Farben,
können nur staunen über unser Talent,
das sonst niemand kennt,
schreiben Gedichte mit Sinn und Verstand,

alles mit leichter Hand,

das alles passiert in rasender Zeit

Schreckliches und Schönes wir erleben,

und sind doch froh,

wenn die Mächte der Finsternis

uns aus ihren Klauen entlassen.

Und das Tageslicht, die Sonne

uns wieder leben lassen.

Ohne Glanz und Gloria

Wie würden wir nur ohne Hoffnung leben,

den Zwängen unterworfen

die Lichtblicke im Keim erstickt

die Hoffnung in der Realität untergegangen,

das Dasein angefüllt mir Muss und Soll,

es gäbe keinen Glanz und Gloria,

die Seele darbt,

verurteilt zur Ruhelosigkeit,

kein Schönerreden

zum inneren Frieden verhilft

es ist, als ob du stirbst.

Kleine Freuden

Was wäre das Leben ohne Spaß
am Essen,
einfach freudlos sage ich, und esse,
ich weiß, ich muss genügsam sein,
greife noch schnell
nach einem Glas Wein.
Ach, alle guten Vorsätze werden kleiner.
Sehe sie nicht, nur Fasan und kleine
schwarze Eier.
Diese kleinen Sünden sind es wert,
dass ich mich nicht mehr wehr.
Nach mir die Sintflut denke ich heiter,
und esse lustvoll weiter.
Denn zum Kasteien bin ich nicht geboren
und sowieso schon verloren.
Der Frust mir dann den ganzen Tag vergällt,

alles läuft verkehrt.

Doch die kleinen Freuden des Alltags

wiegen so manches auf,

auch wenn Figur und Gesundheit

gehen dabei drauf.

Spurensuche

Meine Spur im Sand,

ich sie nicht wiederfand,

den Eindruck den ich hinterließ,

er war zu schwach, sichtbar nur eine kurze
Zeit,

verweht, Vergangenheit.

Der Wind, er hatte leichtes Spiel,

zeigte mir, was von ihr übrig blieb,

konturlos und klein,

bleibend sollte sie sein,

nicht mehr Wind und Wellen ausgesetzt,

Ebbe und Flut

hab sie nicht mehr in den Sand gesetzt.

Eine Symbiose ging sie ein

mit einem Baum im Wald,

seine Wurzeln stärkend umhüllend,

eine Erinnerung lang ihn prägend

mit meiner Spur.

Sie nun mit mir in lichte Höhen wächst,

Asyl für Taube, Kauz und Specht.

Wahnsinn

Ein Schlagwort der heutigen Zeit
der spärlichen Worten Ausdruck verleiht.
Der Mensch sage es in Dur und Moll
mit Überzeugung und mit Groll,
kein Begriff es besser trifft,
den Wahnsinn zu beschreiben
der um ihn ist.
Wahnsinn ist:
Die Welt zugrunde zu richten und es nicht zu
wissen.
Zu den Sternen zu jetten und meinen,
das könnte uns retten.
Wahnsinn ist, mit ihm zu leben
und nicht nach Höherem zu streben.
Normalität in Abnormität zu verwandeln
und niemand sieht es verkehrt.
Wahnsinn ist, ihn zu kennen,
und ihm hinterher zu rennen,
und Wahnsinn ist,
wenn es keiner mehr ist

Die Zwangsjacke

sie passte dir nicht mehr,

willst du frei sein und leben anonym,

doch Umtausch ist nicht vorgesehen hier,

du musst leben mit ihr.

Der gläserne Mensch, es ist erreicht.

Es bleibt keiner verschont

in diesem Reich.

Registriert, verbrieft, besiegelt,

kontrolliert,

es wird aufgepasst hier.

Kameras und Stelliten dich begleiten,

keine Maus übersehen,

du willst nicht verstehen?

Träume dein Leben,

träum es spektakulär und offensiv,

noch ist es anonym.

Toter Fisch

Ein toter Fisch, der ist was wert,
weltweit heiß begehrt,
doch da die Meere leergefischt,
kein silbrig Fischlein
spielend mehr das Meer durchbricht.
In den dunkeln Fluten
die nicht mehr klar und rein,
schwimmt er traurig
in sein Schicksal hinein.
Doch voll des Menschen Überfluss
in seinem Bauch,
er wiedergibt was er nicht braucht
an Gottes höchster Kunst,
die nun beweisen muss
sie ist es wert
zu leben auf des Schöpfers Welt,
Es ist nicht vorgesehen in seinem Plan,
dass Mensch vernichtet
Butt bis Wal.

So la la

Und ich frage mich ständig,

so la la,

warum trete ich,

die doch nicht mutig

und eigentlich rücksichtsvoll,

so la la,

immer verstehend,

mit Weit und Durchblick,

dachte ich bisher,

und auch die Folgen

vorhersehend,

die nicht klein,

warum trete ich

so la la

immer wieder

in Fettnäpfchen hinein?

Die Krone der Schöpfung

Welch ein Hohn,

ist er das Anfangs oder Endergebnis schon.

Entwicklung, Entfaltung,

der Menschheitsverlauf,

die Erhaltung der Schöpfung,

aller Arten,

denen macht er so schnell wie möglich den
Garaus.

Der Wälder leises Rauschen,

der Vögel Gesänge verklingt,

des Meeres Vielfalt an Reichtum

und Lebendigkeit

mit dem Tode ringt.

Der Mensch, er hat es geschafft,

den Garten Eden zu Fall gebracht.

Die Krone der Schöpfung hat gereizt

bis zuletzt,

Flora und Fauna schwer verletzt.

Die Natur, sie bäumt sich auf und warnt,

der Mensch, er muss ihr eine Chance geben,

oder sie muss uns weiterhin Mores lehren.

Begreife Mensch,

die Schönheit der Natur,

ihren Sinn und Zweck,

sonst sind wir bald von dieser Erde weg.

Monster

Ein Albtraum denkst du

manchmal ist die Welt,

nur die verklärte Vergangenheit,

hatte ihren Wert.

Natur, Natur sie noch war,

mit Wäldern grün und weit

See und Meere voll Lebendigkeit,

die Luft, so rein und klar,

von Horizont zu Horizont man sah,

die Luft von Heute,

bleischwer ihr Atem,

Linden und Akazienduft von Alleen,

erstickt von unseren Taten.

Des Menschen Übermut,

er fordert seinen Tribut,

von Mensch, Natur,

die nicht mehr in sich ruhen.

Sciencefiction heißt die neue Zeit.

Oh Menschheit,

denk daran,

dass du nicht verändern musst,

was Gut, Schön,

lebenswert bislang,

sonst bist dein Untergang.

Vergiss das Klonen

über kreuz und querbeet,

bis du weißt, wie ein Monster entsteht.

dann bist du ein Mensch gewesen,

mit Herz,

Gefühl,

Verstand,

irgendwann,

an das, das Monster sich nicht mehr erinnern kann.

Mutanten feiern dann den Sieg,

über das,

was von den Menschen übrig blieb.

Der moderne Mensch

Der moderne Mensch der heutigen Zeit
ist an Erkenntnissen reich,
er profitiert von Generationen,
die in der Steinzeit schon wussten,
es würde sich lohnen,
den Verstand zu perfektionieren,
nicht zu schonen,
nun hat er ihn überstrapaziert,
nicht mehr unter Kontrolle,
denn er denkt mehr
als wir sollen.
Die Schreckgespenster Genmanipulation,
Klonen uns bedrohen.
Eine faustische Vision,
es kann nicht Sinn der Schöpfung sein,
dass der Mensch abstrakt an Heute

nicht an Morgen denkt und wirkt,

sich nicht mehr

auf seine Bestimmung besinnt.

Die Neugier, sie bringt uns noch einmal um,

darum sollten wir so bleiben

wie wir sind,

Gottes Geschöpfe,

nicht blind, und nicht dumm.

Schlaraffenland

Im Schlaraffenland der Mensch möcht leben,
und möglichst nichts entbehren.
Doch wieviel Genuss kann er vertragen
ohne zu platzen vor Behagen.
Der Geist vor lauter Überdruss,
lässt irgendwann den Dingen ihren Lauf
und den Ort des Denkens auch nicht aus,
denn dieses fällt ihm langsam schwer.
Sein Kopf, auch wenn er leicht und leer,
signalisier ihm irgendwann,
dass Überfluss sein Ende sein kann.
Die Bedenken daraufhin sind wirklich schlimm,
soll er sich von Pfund und Luxus trennen,
gar an andere denken,
oder lieber gleich in seinem Pool
ertränken.

Genuss und Triebe

Getrieben von den Trieben
durcheilt der Mensch die Zeit,
Genügsamkeit, normales Leben
ist nicht sein Streben.
Unstillbares Verlangen treibt ihn an,
das Leben in seiner Kürze zu genießen,
über die kommenden Folgen die Augen
verschließen.
Verführung auf allen Gebieten,
die Fantasie erkennt kein Maaß
und ein Zuviel.
Die Zeit der Wahrheit liegt brach
in seiner Erinnerung.
Zum Suchen keine Zeit,
den Genuss nie bereut,
ein lichter Moment macht ihm dann klar,
dass Überfluss den Verstand trüben,
nur ein Ringen den Genuss erhöhen kann.
Ja, auf was wartet er dann?

Drahtseilakt

Hoch auf dem Seil

machst du Spagat,

für die da unten

nur so zum Spaß,

Löwen, Tiger und Hyänen

sehnsuchtsvoll nach oben sehen,

sie können den Menschen

da oben nicht verstehen.

Sie machen Männchen

und heben die Pfoten,

denken,

denken ist nicht verboten.

Sie wissen um deine Schwächen Bescheid,

hoffen auf ein vielleicht.

Dann warst du einmal ein Mensch

mit Lust und Gefühl,

jetzt muss man dich suchen

im Raubtiergewühl.

Doch der Nachruf,

der ist perfekt,

denn du hast Nervenkitzel geschenkt,

den hattest du auch im Traum,

und weißt,

du wirst nie wieder

im Zirkus zuschau'n.

Der Drachen

Es ist vorbei
hast du so manches mal gedacht,
und hinterher dich ausgelacht,
doch lag der Drachen auf der Lauer,
und wenn du glaubst, das Schicksal
hat dir des Glückes Hand gereicht,
es sei von Dauer,
es dir das Gegenteil beweist.
Dann klagst du, warum ich,
vergessen hast du die Vergangenheit
doch sie dich nicht.
Du musst bezahlen, für alles
was du falsch gemacht
und im Hintergrund der Drachen
lacht und lacht.

Planetenwechsel

Als das Leben anfänglich war,

der Homosapiens kam, sah und siegte,

über Land, Luft und Meer,

kein Maaß und Ziel war ihm zuviel,

heroisch er den Kampf aufnahm

zu herrschen, zu Beherrschen,

zum Wohle der Menschheit sein Denkvermö-
gen

einzusetzen, Natur und Erde vom Überfluss

ihrer Schätze zu erleichtern.

Bis Heute, und Morgen, wie sieht es da aus,

kommt das endgültige Aus,

von oben, von unten, von allen Seiten,

von uns?

Du, Mensch, beeil dich mit denken,

wir haben keine Zeit zu verschenken,

suchen wir uns rechtzeitig einen von unseren
Planeten aus, auf den wir bauen,

oder können wir noch zurück

und unserer Erde vertrauen?

Siegfried

Versinke in wilde Träume,

habe Angst zu erwachen

vor Drachen,

es gibt noch so viele von ihnen,

spuken im Kopf herum,

sind noch längst nicht ausgestorben,

machen mir zu schaffen.

Suche nach Siegfried

groß und stark,

der den Kampf aufnimmt

und mir sagt,

es war einmal.

Tierisch menschlich

Manche Tier dieser Welt,

der Mensch, für seinesgleichen er sie hält.

Sie scheuen keine verruchte Tat,

leben das Leben nach dieser Art.

Ihr Einfallsreichtum ist grenzenlos,

ihre Raffinesse ebenso,

und haben sie ihr Ziel erreicht,

bringen sie sich so schnell wie möglich

in Sicherheit.

Das alles ist uns nur allzu bekannt,

bringt uns zum Staunen und Lachen,

über so manch vertraute Tat,

und ins Grübeln,

wer nun von wem was hat.

Und der Löwe brüllt

Und die Tiere dieser Welt,

die noch übrig,

werden gezählt,

damit der Mensch es festhält

schwarz auf weiß,

wie weit er es gebracht,

mit seiner Macht.

Nur die domestizierten, für den

Luxus und für den Bauch,

die werden geschont, geliebt, weil gebraucht.

Das Krokodil macht als Tasche Furore,

der Schlangenschuh fröhlich den Wurm

zertritt,

Elfenbein ist immer noch sehr gefragt,

ganz zu schweigen von Wolf, Luchs und Dachs

Und der Löwe brüllt seinen Zorn

in die Welt,

Tiger, Panther und Leopard,

machen lautstark klar, wie wahr.

Ist die Erde zu klein für

Fauna und Mensch

dem ungleichen Paar?

Haie und kleine Fische

Er schwimmt nicht nur in seinem
Element herum,
der Hai, er ist nicht dumm,
durchstreift die Meere weltweit,
das ist bekannt,
auch an Land ist er nicht unbekannt,
trifft seine Beute, unten, oben, ohne Gefühl,
beißen und fressen,
das ist sein Ziel,
begnügt sich nicht mit Kopf oder Schwanz
will alles,
möglichst ganz.
Nur kleine Beute,
die wird verschont
die passt in sein Raster nicht hinein,
darum sollte sie so bleiben wie sie ist,
unauffällig und klein.

Einen brauchst du

Einen Menschen brauchst du im Leben
der mit dir weint und lacht,
der deine Problem zu seinen eigenen macht.
Einen, der deine Schwächen vergibt
und froh ist, dass es dich gibt.
Einen, der dich in die Arme nimmt
wenn eine Hoffnung zerbricht.
Einen, der deine Saiten stimmt.
Ihn brauchst du als Licht.
Einen Menschen brauchst du im Leben,
für dich als Trost,
dem du vertraust und glaubst,
dass er dich liebt,
und noch liebevoll an dich denkt,
auch nach deinem Tod.

Die alte Frau und die Umstände

Achtzig Jahre hat sie überstanden,

das Glück nicht immer an ihrer Seite war,

zu viele Erwartungen sie in das Leben setzte,

zu viele Träume sich in Luft auflösten

die Illusionen zerstörte.

Was sie wollte,

konnte sie nicht haben,

die Umstände dagegen waren.

Im Kampf des Lebens sich die Liebe verlor,

sie gab auf,

die Freiheit wartete schon auf sie,

nahm sie mit offenen Armen auf.

Die Umstände ihr entgegen kamen.

Sie vertraute auf das Glück,

es war verkehrt

die Umstände sich mehrten.

Jetzt geht sie allein durch die Straßen,

sieht anderen alten Leuten in's Gesicht,

liest darin ihren Lebenslauf, ihre Geschicht

und in den Augen die Sehnsucht darin,

die noch nicht erloschen ist.

Auch sie hat Wünsche noch,

die alte Frau,

stark zu bleiben,

sich des Lebens zu erfreuen.

So lebt sie in ihrem Rhythmus,

mehr nach innen als nach außen,

mit Humor und halb blind,

und im Herzen die Hoffnung

die ihr Leben bestimmt,

die Umstände dafür sind.

Die Insel meiner Angst

Als die Kraft verebbte,

die Angst mich umflutete

als ich Hilfe suchte,

sie in mir nicht mehr fand,

als die Nacht mich erstickt,

der Tag mich erschreckt

und ich Hilfe brauchte

sie in mir nicht mehr fand,

blieb ich allein auf regloser Insel -

auf der Insel.

Als die Angst mich verlassen,

die Kräfte mich suchten,

als ich wieder hoffte

auf das Jahr und den Tag

war ich nicht mehr allein

die Insel ward Festland,

es kam wieder,

das Leben,

als es vor mir stand.

Ordnung

Es ist nicht ordentlich das Leben,
und was immer dein Bestreben
es ordentlich zu machen
wie deine Siebensachen
ist vergebens.
Es scheitert vor allem zeitlebens
an der Unordnung deines Lebens.

Wie viel?

Vielleicht fragt dich eines Tages Jemand,
wie viel Menschen waren glücklich,
dass du gelebt,
und du gleitest durch die Spiralen
der Erinnerung, durch Verzweiflung
und durch Leere,
und die Trauer macht dich stumm
weil du es nicht weißt,
und die Frage wird dir folgen,
macht dich ratlos und verlegen.
Die Sekunden deiner Wahrheit
sind verloren und vergessen,
und dein Lächeln erfroren,
und die Antwort bleibst du schuldig.
So verslöscht die Fackel deines Ichs
im Wind.

Nichts geht verloren

Nichts geht verloren,

die Angst nicht,

der Zorn,

die Kraft von vor langer Zeit,

kein Traum und kein Wunsch,

nichts geht verloren,

der Schmerz der uns klein macht,

die Größe der Hoffnung,

verlässt uns,

zieht weiter,

verloren geht sie nicht,

es bleibt.

Minutenglück

Das Glück kennt nur Minuten
belächelt dein Vertrauen,
es lässt sich Zeit,
es läuft oft Kilometerweit,
verliert sich zwischen Wahn und Wirklichkeit,
kehrt oft zurück, verhält den Lauf
bleibt auf dem Sprung
passt du nicht auf,
lässt dich dann stehen,
sieht dich kaum an und sagt:
Ich habe meine Zeit vertan.
Fühlst dich verraten und vergessen
schwörst, du wirst dich rächen
gibst dich geschlagen und versetzt
und hoffst doch bis zuletzt.

Ein Tag ist wie der andere

Tage hängen wie tiefe Wolken

bewegen sich nicht,

sie engen dich ein

machen dich hilflos

wie plötzliche Naturgewalten,

willst ihnen gewachsen sein

stellst ihnen ein Bein.

Der Tag hängt dumpf und unbeweglich

wo ist die Freude am Morgen,

sie war gestern noch da,

du weißt nicht, wann es geschah,

dass sie dich vergessen

ohne Warnung verschwand.

Und die Tage erkalten

die Wehmut erstand

verzerrte Minuten bleiben unverträglich

schließen dich ein,

setzen dich aus,

lassen dich zurück.

Gib endlich auf,

sie räumen das Feld.

Schlaf weist dich ein

erlöst dich langsam vom

leblos sein.

Schuldgefühl

Ich fühle mich schuldig
wenn der Morgen grau anfängt.
Ich fühle mich schuldig
wenn der Tag ohne Sorgen war.
Ich fühle mich schuldig
wenn die Zeit stehen bleibt,
nicht weiter geht.
Ich fühle mich schuldig
wenn der Tag verregnet,
die Sonne nicht scheint,
und das Konto nach Bewegung schreit.
Ich fühle mich schuldig
wenn die Welt nicht so ist
wie ich sie für dich erhofft.
Ich fühle mich schuldig

wenn du es nicht schaffst,

ich dir nicht helfen kann.

Ich fühle mich schuldig

wenn der Wind das Fenster zuschlägt

und den Frieden stört.

Ich fühle mich schuldig

für alles und Nichts

was mir in die Quere kam,

auch wenn ich nichts dafür kann.

Ein Jeder

Ein Jeder möchte kein Jeder sein

ist überzeugt,

es nicht zu sein,

schlüpft in eine andere Haut,

provoziert, schockiert, leise oder laut,

rot, grün oder blau gekonnt.

Die Zeit, sie ihm entgegenkommt,

bis er festgestellt,

dass ein Jeder, der kein Jeder mehr ist,

wiederum ein Jeder ist.

Vergeblich all sein Mühen war,

der Geist, er streikt, und weckt ihn auf,

am bequemsten war es doch

in seiner alten Haut.

Schlaflos

Ich bin noch nicht müde,

möchte nur in's Nichts,

in das leere Zimmer hineinreden,

es muss ja nur zuhören

nichts verstehen.

Jetzt ist es bald vier

und der Morgen graut schon verstohlen.

So liege ich seit Jahren,

hasse die Stille,

liebe das erwachende Leben,

verdamme die inhaltslose leere Nacht.

Erwarte den Tag mit ertrunkenen Gedanken,

und die Stadt, die erwacht.

Versinke jetzt im Licht der Erwartung

des Versprechens des Tages

und meiner kommenden schlaflosen Nacht.

Die Faulheit

Auf dem Faulbett hingestreckt
überdenk ich meine Tage,
forschend, was dahinter steckt,
dass ich nur klage.
Ich habe zu essen, zu trinken zur Genüge,
ich lebe gemäßigt,
doch lustlos vor mich hin.
Was mir fehlt ist:
das Öl im Getriebe,
im Getriebe meiner Gedanken
über Gedanken,
über nicht's und wiedernicht's.
Zuviel zu denken ist ungesund,
das sagt doch schon der Volksmund.
Ab sofort leb ich gesund!

Die Erde

Sie liegt dir zu Füßen,

dein Leben lang bist du auf ihr gelaufen,

gesprungen, gerannt,

hast dich auf sie geworfen,

geküsst, im Zorn getreten, zerstört,

Sieg oder Niederlage

hat sie zu spüren bekommen.

Jeden Schritt den du getan,

als Echo sie ihn wahrnahm.

Was der Mensch, die Welt ihr auch angetan,

mit Plünderung und Brand,

für dich war sie Schlaraffenland.

Du hast mit ihr gespielt,

jedes Sandkorn gefühlt,

großmütig hat sie dich ernährt,

den Hunger gestillt, den Durst gelöscht,

ihre Wunder und Schönheiten

gaben dir Trost in der Not.

Verlässlich bis in den Tod, nimmt sie

dich auch danach auf, ist bereit,

bindet dich in den Kreislauf des Lebens

wieder ein mit ihrem Sein.

Frieden und Freude

Friedenskampf und Schadenfreude
trafen sich auf einer Weide
selten wurde so gelacht
wie in dieser Nacht.
Keiner wusste von den beiden
wer am meisten zu beneiden,
und warum sie wohl zu ihrem Namen kamen.
Du heißt Kampf und vorne Frieden,
mir ist Freud und Leid beschieden.
Selten wurde so gelacht
wie in jener Nacht.

Möwen

Über Meer und Land
segeln sie dahin bei Sturm und Regen,
und wenn die Sonne lacht,
durchforschen mit Argusaugen das Meer,
das rau und grau,
nach Hering, Dorsch und Kabeljau,
folgen deren schattenwerfendem Schwarm,
auf Augensicht, bis die Sonne erlischt.
Verfolgen auch uns mit höhnischem Gelächter,
stürzen sich fordern schreiend
in's Menschgetümmel am Strand,
stehlen dir das Essen aus der Hand,
klecksen dich zu, irgendwohin,
wenn du Pech hast, auch auf's Gehirn.
Sie lachen dich aus,haben ihren Spaß,
wenn der Wind uns Beine macht,
den Strand entlang jagt,

mit uns um die Wette lacht,

auch wenn der Nebel uns verschluckt,

der Regen ertränkt,

ist sie zu hören und zu sehen,

wie sie hoffnungsvoll kreist,

und mit ihrem Schreien,

die Stille zerreißt.

Oh. Du schönes Küstenland,

wo die Möwen uns fressen aus der Hand.

Der Tag holt Luft

Auf dem Boden liegt die Zeitung, leergelesen,

hinterließ nur Schales,

gar nichts, was mich freut.

Teilnahmslos, das Schwarze hinter Fenstern,

vier schlug's irgendwo,

dann einviertel und halb.

In unbekannte Richtung laufen Nerven,

zwischen Hals und Brustbein tickt die Nacht,

anspruchslos das Graue hinter Fenstern,

fünf schlug's irgendwo,

dann sieben und acht.

Der Tag holt Luft, und knackt

mit den Gelenken,

vorm Horizont klebt der Antennenwald,

und die Krähen reden ohne Konsonanten,

überm Kaffee wird der Morgen alt.

Zementblock, Langeweile hockt auf Straßen,

auf Zehenspitzen hüpft betulich unsere Pflicht,

im Spiegel seh ich Fahles ganz am Rande

dass ich das bin,

beschwören möchte ich's nicht.

Die Freude ging mir irgendwann verloren,

und als ich's merkte,

war es schon zu spät.

Ohne Kopf und Kragen

Auf dem Marktplatz steh ich nun
schon seit über hundert Jahren
in der gleichen Position,
nackt, und ohne Kopf und Kragen.
Blicke kopflos vor mich hin,
leicht verärgert über Tauben
die sich allzuviel erlauben.
Kenn die Bänke und die Paare,
Zeitenwende, Seitenwechsel,
ertrage Kälte, Hitze,
selbst die hoffnungslosen Witze
über mich und Feigenblatt.
Gott, hab ich den Krempel satt.
Zwischendurch werd ich gesteckt
in eine Kiste,
renoviert, restauriert von Spezialisten.
Werd ich wieder ausgepackt,

fängt der Spuk von vorne an,

schmücke sinnlos die Natur,

was sind die Menschen doch so stur.

Alles ist nur zu ertragen

ohne Kopf und Kragen.

Falsche Frage

Der Mensch wird von der ständigen Frage

nach dem Sinn des Lebens geplagt

erkennt nicht,

dass er das Falsche gefragt.

Zu tief gebohrt und nachgefragt

er sich um die Leichtigkeit

des Lebens bringt,

und dann

nach Fassung ringt.

Prost Neujahr

War es ein gutes Jahr?

Man blickt zurück

denkt an sich selbst

an wen denn sonst,

und überlegt,

war es ein gutes Jahr?

Man blickt voraus,

und gießt sein Blei,

und wünscht sich sehr,

dass man ein andrer wär,

dass man jung und schlank, schön und gut

wie nie zuvor

doch die Gewohnheit lacht,

singt dir in's Ohr:

Nun trink mal brav den Sekt,

mach dir nichts vor.

Prost Neujahr,

ich nehm mir vor,

es wird ein gutes Jahr.

Die raue Wirklichkeit

Was, dir geht's gut,

da muss doch was zu machen sein,

man könnt mit einer Kleinigkeit,

die alberne Zufriedenheit doch reduzieren.

Irgendwann wird dir

das Lachen schon vergehen

du wirst schon sehen,

denn unsere raue Wirklichkeit

muss die unsere bleiben.

Was, dir geht's gut,

stell dir ein Bein, stell dich quer

such die Gefahr, lern deine Grenzen kennen,

und freu dich nicht zu früh,

was, dir geht's noch immer gut?

da gibt's kein Überlegen mehr,

das dicke Ende kommt ganz bestimmt,

weil wir's so wollen

denn die raue Wirklichkeit wird immer

wiederkehren.

Schweres Wort

Ich nehm ein Wort in die Hand
und prüfe sein Gewicht.
Ich beginne ihm zuzuhören,
und indem ich zuhöre
geschieht etwas an mir
ich lege das Wort wieder weg,
aber es ist nicht mehr dasselbe Wort,
es ist gewichtiger geworden –
dadurch, dass ich es hörte.
Auch ich selbst bin nicht mehr
derselbe.

Er und Ich

Zwischen den Dünen hindurch
geh ich zum Strand,
da seh ich ihn
auf mich warten, schattenwerfend,
sichtbar nur für mich.
Ich geh an ihm vorbei,
seh ihm ins Gesicht,
ich habe verstanden.
Wird er gnädig sein,
mir Einiges verzeihen?
Das Dünengras verneigt sich
zum letzten Gruß,
es streichelte mich so manches mal,
gibt mir jetzt den Abschiedskuss.
Es war der letzte Weg zum Strand,
Er und Ich,
reichen uns zur Versöhnung
die Hand.

Die Macht der Natur

Die Natur ist eine Macht,
und stärker als des Menschen
Übermacht.
Sie ist Harmonie und Chaos in einem
und zum Ergreifen schön,
nicht nur von oben gesehen.
Sie macht dir Angst und Freude zugleich,
sie zieht dich in ihren Bann und
fasziniert Arm und Reich,
sie ist die Welt, die uns zusammen hält,
ein bisschen Respekt wäre daher
angebracht,
wenn wir nicht wollen,
dass sie sich rächt mit all ihrer
Macht.
Wer weiß, wie oft sie es schon
in Äonen getan

als Himmel und Erde zusammen kam.

Wir sind ihr verpflichtet,

und müssen sie schützen,

vor Aberwahn und Übermut.

Doch wir Menschen meinen,

solange Sonne und Mond noch scheinen,

muss man um sie nicht weinen.

Ein Irrtum wie wir langsam merken,

in all unserem Tun und

unseren Werken.

Tiger

Das Licht das aufgeht
mir im Kopf,
es blitzezuckend mir entweicht
in einen Strom von Worten,
der nicht reißt,
ein Tiger ist damit geboren,
der mit Krallen schreibt,
und lächelnd zahm
mit Worten um sich beißt.

Ein armes kleines Würstchen

Ein armes kleines Würstchen

fühlt sich gar nicht klein,

nicht wie ein Niemand,

oh, nein.

Ein Irrtum, es ist offensichtlich,

und die großen Dicken, braun Gebrannten,

sehen es richtig.

Sein Inhalt nicht ihrem Format

entspricht, nichts verspricht.

Doch das arme Kleine,

in deren Bann,

wagt sich an Gewicht und Größe heran,

doch es weiß nicht,

was es heißt, nicht kennt

wenn es gegrillt, dabei verbrennt.

Die Puppen tanzen lassen

Stell dir vor, du hättest Macht

auch wenn jeder darüber lacht.

Würdest die Puppen tanzen,

und die Gegner über die Klinge

springen lassen.

Bekommst dafür den Respekt,

den man dir vorher versagt,

fragst dich

wer oder was du eigentlich

vorher warst.

Musst die Entscheidung treffen

ganz allein,

währenddessen stellen dir, so nebenbei,

die Gegner mit Vergnügen ein Bein.

Langsam geht es an die Substanz,

und du überlegst,

ob du noch kannst.

Hast dir doch zu viel vorgenommen,

und bist dabei auf den Hund gekommen,

er ist der einzige treue Vasall

den du kennst.

Der dich als Herrn und Meister

anerkennt.

Marionetten

Aus welchem Holz sie auch geschnitzt,
Marionetten erfüllen ihre Pflicht.
Hölzern und stumm,
stolzieren sie herum.
Gezogen von Leben in fremden Händen
funktionieren sie perfekt
nichts sie zweifeln lässt.
Sie sehen, hören, denken, fühlen nichts.
sie laufen im Kreis, Geradeaus
verbeugen sich,
und verziehen nicht ihr Gesicht.
Faszinierend, sie verkleidet in Lumpen und
Seide zu sehen, wie sie sich selbst
um sich drehen, und die Welt nicht verstehen.
Keine Zukunft kann sie schocken,
keine Reize sie locken,

sie fühlen nicht Freude, Angst und

Gefühle die kochen.

Sie sagen nicht mäh und nicht muh,

können nur hampeln und strampeln,

als Marionetten auf der Bühne des Lebens

posieren sie nur.

Blasser Schimmer

Zwei Schritte vor, einen zurück
so ist der Rhythmus und du hältst Schritt.
Es ist beschwerlich so zu laufen
und etwas zu erreichen,
darum stelle vorher schon die Weichen
oder wechsle deinen Schritt.
Du hast zwar keinen blassen Schimmer wie,
doch gibst du den Mut nicht auf,
vertraust auf deinen Lauf,
trittst dabei, es bleibt nicht aus,
auf mancherlei Getier,
und das schreit,
wehe dir,
respektlos rennst du weiter und
wirst zusehend heiter,

denn du siehst am Horizont

den Lichtschein schon,

weißt,

bald hast du es geschafft,

wirst endlich ein Gewinner

auch ohne blassen Schimmer.

Glücksgefühl

Wenn alle Wünsche in den Himmel stiegen

es gäbe bald keine Platz mehr dafür

und sie müssten auf der Erde bleiben

um dort über, oder ungehört

in den Sand gesetzt zu werden.

Das gäbe jedes Mal ein großes Sterben.

Nur einige schaffen es zu überleben,

es sind immer die gleichen,

Macht und Geld, und noch mehr Geld,

sie sind einfach nicht totzukriegen

auf dieser Welt.

Die wichtigsten und bescheidenen aber

haben keine Lobby,

sie können nur weiterhin hoffen,

dass das Glück auch für sie einmal lacht.

Dann werden die anderen schnell zu Fall

gebracht.

Sie sägen, eifern und streben, um auch einmal

ein Glücksgefühl zu erleben.

Das Gebet

Herr, lasse dein Licht leuchten

auf dass es meinen Weg erhellt,

mir Ansehen, Ruhm und Reichtum beschert,

mit diesem frommen Wunsch

ein Mensch will es erreichen,

sein Leben zu bereichern.

Leben will er in Saus und Braus,

doch wurde nichts daraus,

denn auf dem Weg dorthin,

fiel er ständig hin,

zu viele Steine lagen ihm im Weg

und er hob die Füße nicht.

Sein Licht, statt größer wurde immer kleiner,

müde wurden ihm die Beine.

So blieben seine Wünsche, Träume

Illusion in weiter Sicht

weil er hob die Füße nicht.

Die Erkenntnis trifft ihn schwer,

bis die Erleuchtung ihn dann trifft,

die Füße waren es nicht.

Das Kirchenlicht

Man ist kein großes Kirchenlicht,

doch glaubt man's einfach nicht,

bis man zu spät zum Steinerweichen

kein Ziel mehr kann erreichen,

war's nur das eigene Unvermögen

oder hatte man kein Glück,

die andern wissen's,

nur wir selber nicht.

Zeitfracht Medien GmbH
Ferdinand-Jühlke-Straße 7
99095 Erfurt, Deutschland
produktsicherheit@kolibri360.de